Chakras

100 Preguntas y Respuestas

Chakras

100 Preguntas y Respuestas

GRUPO EDITORIAL TOMO S.A. DE C.V.

Grupo Editorial Tomo, S. A. de C. V.
Nicolás San Juan 1043
03100 México, D. F.

1a. edición, junio 1998.
2a. edición, enero 1999.

© 1998, Grupo Editorial Tomo, S. A. de C. V.
Nicolás San Juan 1043, Col. del Valle
03100 México, D. F.
ISBN: 970-666-051-8
Miembro de la Cámara Nacional
de la Industria Editorial No. 2961

Diseño de portada: Emigdio Guevara
Supervisor de producción: Leonardo Figueroa

Impreso en México - Printed in Mexico

Prólogo

La palabra chakra es de origen sánscrito y significa rueda. Denota círculo y movimiento. Los budistas hablan de ella como "la rueda de la vida y de la muerte". Los antiguos filósofos de Oriente relacionaban a los chakras con los cinco elementos básicos (Tattvas): Tierra, agua, fuego, aire y éter (akasha).

Como se sabe, el funcionamiento de todo el cuerpo humano está controlado por el sistema cerebroespinal, y estos centros psíquicos se localizan en dicho sistema. Durante cientos de años tal conocimiento se ha transmitido principalmente a través de la tradición tántrica hindú, que nombra a esos centros psíquicos, chakras.

Dentro de la antigua doctrina Tántrica, se considera al cuerpo humano como el instrumento más perfecto y el único que permite la expresión y expansión de la conciencia. No obstante, dicha perfección sólo puede lograrse en la medida que los centros psíquicos o chakras, se desarrollen.

Sin embargo, los chakras no pueden describirse desde el punto de vista fisiológico. Pero se les considera centros de actividad de una fuerza sutil y vital llamada en sánscrito *sukshma prana* (prana sutil); se interrelacionan con los sistemas nerviosos parasimpático, simpático y autónomo; relacionándose a su vez con ellos el cuerpo físico.

Asimismo, conocer los siete chakras puede ser una clave importante para la introspección, dado que a través de ellos es posible observarse uno mismo y ver igualmente la energía en movimiento.

Mucho se ha escrito sobre los chakras, pero casi siempre de manera profunda y a veces ininteligible, razón que muchas veces aleja de su comprensión a los profanos.

Por tal motivo, este pequeño volumen pretende dar a los interesados en el tema, una visión general —pero no por ello menos profunda— de los chakras, desde diferentes puntos de vista de las corrientes que han abordado los también llamados "Centros Energéticos de Transformación". En él, el lector podrá encontrar respuesta a muchas de las interrogantes que a lo largo de los años han surgido del estudio y análisis de este interesante aspecto, elemento fundamental de la antigua y moderna tradición espiritual.

Chakras
100 Preguntas y Respuestas

1. ¿Qué significa la palabra Chakra?

La palabra chakra es de origen sánscrito y significa rueda. Denota círculo y movimiento. Los budistas hablan de ella como la rueda de la vida y de la muerte y llaman Dhammachakkappavattana Sutta, al primer sermón en que Buda predicó su doctrina. La traducción exacta de esa palabra es "el giro de la rueda de la Ley". La acepción figurada de la palabra chakra, se refiere a una serie de vórtices semejantes a ruedas que existen en la superficie del doble etéreo del hombre. Cada chakra es el campo de juego gradual de los deseos. Cuando se analizan los chakras, se analizan necesariamente los aspectos sutiles de estos centros. Los nervios son sólo el vehículo, pero el mensaje es sutil y no carece de conciencia o autoconsciencia. En el organismo humano, la conexión entre lo grosero y lo sutil, se efectúa mediante conductores intermedios conectados con los órganos sensorios y de trabajo. Por medio del yoga se entrenan estos tipos de órganos para que adopten una disciplina y ayuden al cuerpo a convertirse en un auténtico valor.

2. ¿Cómo se dividen los Chakras?

Los chakras se dividen naturalmente en tres grupos: inferior, medio y superior. Pueden llamarse respectivamente: fisiológico, personal y espiritual.

Los chakras primero y segundo tienen pocos radios o pétalos y su función es transferir al cuerpo dos fuerzas procedentes del plano físico. Una de ellas es el fuego serpentino de la tierra y la otra la vitalidad del sol. Los centros tercero, cuarto y quinto, que constituyen el grupo medio, están relacionados con las fuerzas que por medio de la personalidad recibe el ego. El tercer centro las transfiere a través de la parte inferior del cuerpo astral; el cuarto por medio de la parte superior de este mismo cuerpo; y el quinto por el cuerpo mental. Todos estos centros alimentan determinados ganglios nerviosos del cuerpo denso. Los centros sexto y séptimo, independientes de los demás, están respectivamente relacionados con el cuerpo pituitario y la glándula pineal, y solamente se ponen en acción cuando el hombre alcanza cierto grado de desenvolvimiento espiritual.

3. ¿Cómo es el primer Chakra?

Chakra Fundamental. El primer chakra, está situado en la base del espinazo; recibe una energía primaria que emite cuatro radios; y por lo tanto dispone sus ondulaciones de modo que parezca dividida en cuadrantes alternativamente rojos y anaranjados con huecos entre ellos, de lo que resulta como si estuvieran señalados con el signo de la cruz, y por ello se suele emplear la cruz como símbolo de este centro. Una cruz a veces flamígera para indicar el fuego serpentino residente en este chakra.

Cuando actúa vigorosamente, es de color ígneo rojianaranjado, en íntima correspondencia con el tipo de vitalidad que le transfiere el segundo chakra. Cada chakra tiene una relación análoga con el color de su vitalidad.

4. ¿Cómo es el segundo Chakra?

Chakra Esplénico. El segundo chakra, está situado en el bazo y su función es especializar, subdividir y difundir la vitalidad dimanante del sol. Esta vitalidad surge del chakra esplénico subdividida en siete modalidades, seis de ellas correspondientes a los seis radios del chakra y la séptima queda concentrada en el cubo de la rueda. Por lo tanto, este chakra tiene seis pétalos u ondulaciones de diversos colores y es muy radiante, pues refulge como un sol. En cada una de las seis divisiones de la rueda predomina el color de una de las modalidades de la energía vital. Estos colores son: rojo, anaranjado, amarillo, verde azul y violeta; es decir, los mismos colores del espectro solar menos el índigo o añil.

5. ¿Cómo es el tercer Chakra?

Chakra Umbilical. El tercer chakra está situado en el ombligo, o mejor dicho en el plexo solar. Recibe la energía primaria que subdivide en diez radiaciones, de tal manera que vibra como si estuviera dividido en diez ondulaciones o pétalos. Está íntimamente relacionado con sentimientos y emociones de diversa índole. Su color predominante es una curiosa combinación de varios matices del rojo, aunque también contiene mucha parte del verde. Las divisiones son alternativas y principalmente rojas y verdes.

6. ¿Cómo es el cuarto Chakra?

Chakra Cardiaco. El cuarto chakra situado en el corazón es de brillante color de oro y cada uno de sus cuadrantes está dividido en tres partes, por lo que tiene doce ondulaciones, pues su energía primaria se subdivide en doce radios.

7. ¿Cómo es el quinto Chakra?

Chakra Laríngeo. El quinto centro está situado en la garganta y tiene dieciséis radios correspondientes a otras tantas modalidades de la energía. Aunque hay bastante azul en su color, el tono predominante es el argéntico brillante, parecido al fulgor de la luz de la luna . En sus radios predominan alternativamente el azul y el verde.

8. ¿Cómo es el sexto Chakra?

Chakra Frontal. El sexto chakra, situado en el entrecejo, parece dividido en dos mitades: una en la que predomina el color rosado, aunque con mucho amarillo, y la otra en que sobresale una especie de azul purpúreo. Ambos colores se corresponden con los de la vitalidad que el chakra recibe. Quizás por esta razón dicen los tratados orientales que este chakra sólo tiene dos pétalos; pero si se observan las ondulaciones análogas a las de los chakras anteriores, veremos que cada mitad está subdividida en cuarenta y ocho ondulaciones, o sea noventa y seis en total, porque este es el número de las radiaciones de la primaria energía recibida por el chakra.

El brusco salto de dieciséis a noventa y seis radios, y la todavía mayor variación de noventa y seis a novecientos setenta y dos radios que tiene el chakra coronario, demuestran que son chakras de un orden entemente distinto de los considerados hasta ahora. No conocemos todavía todos los factores que determinan el número de radios de un chakra, pero es evidente que representan modalidades de la energía primaria, y antes de que podamos afirmar algo más sobre esto, será necesario hacer cientos de observaciones y comparaciones repetidamente comprobadas. Entretanto, no hay duda de que mientras, las necesidades de la personalidad pueden satisfacerse con limitados tipos de energía. En los superiores y permanentes principios del hombre encontramos una tan compleja multiplicidad que requiere para su expresión mucho mayores y selectas modalidades de energía.

9. ¿Cómo es el séptimo Chakra?

Chakra Coronario. El séptimo chakra en lo alto de la cabeza, es el más refulgente de todos cuando está en plena actividad, pues ofrece abundancia de indescriptibles efectos cromáticos y vibra con casi inconcebible rapidez. Parece que contiene todos los matices del espectro, aunque en conjunto predomina el violeta.

Los libros de la India le llaman la flor de mil pétalos, y no dista mucho esta denominación de la verdad, pues son novecientas sesenta las radiaciones de la energía primaria que recibe. Este chakra tiene una característica que no poseen los demás y consiste en una especie de subalterno torbellino central de un blanco fulgurante con el núcleo de color de oro. Este vórtice subsidiario es menos activo y tiene doce ondulaciones propias.

Por lo general, el chakra coronario es el último que se actualiza. Al principio no difiere en tamaño de los demás; pero a medida que el hombre adelanta en el sendero del perfeccionamiento espiritual, va acrecentándose poco a poco hasta cubrir toda la parte superior de la cabeza.

Otra particularidad acompaña a su desenvolvimiento. Al principio es, como todos los demás chakras, una depresión del doble etéreo, por la que penetra la divina energía procedente del exterior; pero cuando el hombre se reconoce rey de la divina luz y se muestra longánime con cuanto lo rodea, el chakra coronario se revierte, por decirlo así, de dentro hacia afuera, y ya no es un canal receptor, sino un radiante foco de energía, no una depresión, sino una prominencia erecta sobre la cabeza como una cúpula, como una verdadera corona de gloria.

En el hombre muy evolucionado, el chakra coronario fulgura con esplendor, tanto que ciñe su cabeza como una verdadera corona.

(Véase Ilustración No. 1)

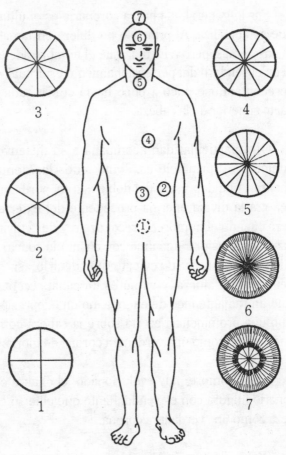

Ilustración No. 1

10. ¿Cómo están formados los Chakras?

Son siete los chakras principales que se elevan a lo largo del eje vertical del canal cerebro-espinal. Están formados por corriente de fuerza por los cuales fluye la energía de uno a otro vehículo o cuerpo del hombre. Esta fuerza inicialmente se transmite de la Mónada hacia el alma antes de transmitirse hacia los planos inferiores para formar los chakras y los cuerpos sutiles. De los siete chakras, sólo tres son considerados mayores porque encarnan y expresan los tres aspectos de la Mónada: Voluntad, Amor e Inteligencia, es decir:

1o. Rayo Voluntad o Poder———La Mónada———
   chakra de la coronilla.

2o. Rayo Amor-Sabiduría———El Alma———
   chakra del corazón.

3o. Rayo Inteligencia———Personalidad———
   chakra de la garganta.

Los cuatro chakras restantes, están gobernados por los otros cuatro rayos, los de atributos:

4o. Rayo Armonía a través de Conflicto————
chakra de la sien.

5o. Rayo Ciencia o Conocimiento————————
chakra del sacro.

6o. Rayo Idealismo o Devoción————————
chakra del plexo solar.

7o. Rayo Orden o Magia Ceremonial—————
chakra de la base.

11. ¿Qué es la Mónada?

Es la Presencia "Yo Soy", el Espíritu, El Padre que está en los cielos. Es de la naturaleza de Fuego Electrónico y la rige la Ley de Síntesis. Habita en el plano Monádico. Existen setenta millones de Mónadas:

—Cinco mil millones del Primer Rayo.

—Treinta y cinco mil millones del Segundo Rayo.

—Veinte mil millones del Tercer Rayo.

12. ¿Qué uso tiene el conocimiento de los Chakras en la práctica?

El rayo gobernante de un chakra indica la energía primaria que lo vitaliza; de este modo, si se tiene un paciente con un cuerpo astral del sexto rayo y un chakra del plexo solar hiperactivo, se podrán deducir varias posibilidades de este tipo de situación, por ejemplo, quizás muestren fuertes lealtades y sean más bien devotos; la iglesia puede jugar un papel central en sus vidas; si no, tendrán fuertes tendencias religiosas y una natural inclinación por la oración. En el aspecto menos positivo, serían impulsados por emociones intensas; pueden ser muy posesivos, egoístas e irascibles.

Lo que se intenta explicar es que el rayo que gobierna el chakra es simplemente un factor de tiempo y espacio. Mientras cada uno de los siete rayos gobierna un chakra individual y constituye su energía primaria, la misma energía, en menor grado, se distribuye a los chakras restantes que amplían de manera considerable nuestro esquema y deben servir para preservarnos de hacer afirmaciones dogmáticas o de llegar a conclusiones estrechas en relación con la manera en que interactúan los rayos y los chakras o con sus efectos.

13. ¿Cuál es la estructura de los Chakras?

Los chakras se han descrito como vórtices o remolinos de fuerza o energía, como fondo de platos, como ruedas de fuego, etc. Sin embargo, la estructura es más compleja. Se necesita comprender que la influencia de los tres pliegues de la Mónada se refleja en el chakra, de manera que este último, en efecto, tendrá tres cualidades, niveles o hileras de pétalos (energías) que giran alrededor del Bindu central o Punto Primordial. El Punto Bindu permanecerá inactivo mientras las hileras externas de pétalos estarán muy activas; la segunda hilera estará en varios estados de desdoblamiento, y la hilera interna menos activa. En el proceso de la evolución espiritual, las hileras de pétalos se vuelven activas; naturalmente la fila externa, que trata con la forma física y la actividad, estará muy activa; la segunda hilera que refleja el desarrollo del segundo principio o aspecto del Amor, también estará activa hasta cierto punto, pero menos que la física, y por último el aspecto de la Voluntad de la hilera interna es el último en desarrollarse.

Quienquiera que posea un ligero grado de clarividencia puede ver los chakras fácilmente en el doble etéreo, en cuya superficie aparecen en forma de depresiones semejantes a platillos o remolinos, y cuando ya están del todo desenvueltos parecen círculos de unos cinco centímetros de diámetro que brillan mortecinamente en el hombre vulgar, pero que al exitarse vívidamente, aumentan de tamaño y se les ve como refulgentes torbellinos en forma de diminutos soles. (Véase Ilustración No. 2).

ESTRUCTURA DEL CHAKRA
ENERGÍA PRIMARIA

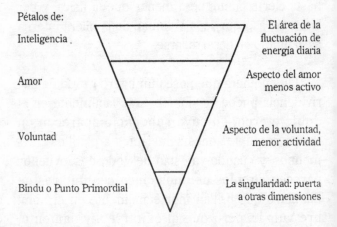

Pétalos de:

Inteligencia

El área de la
fluctuación de
energía diaria

Amor

Aspecto del amor
menos activo

Voluntad

Aspecto de la voluntad,
menor actividad

Bindu o Punto Primordial

La singularidad: puerta
a otras dimensiones

Ilustración No. 2

14. ¿Cómo actúan los Chakras?

Los centros o chakras actúan en todo ser humano, aunque en las personas poco evolucionadas es
tardo su movimiento, utilizan el estrictamente necesario para formar el vórtice adecuado al influjo de
energía. En el hombre más evolucionado refulgen y
palpitan con vívida luz, de tal manera que por ellos
pasa muchísima mayor cantidad de energía y el
individuo obtiene como resultado el acrecentamien-
to de sus potencias y facultades.

15. ¿Qué forma tienen los Vórtices?

La divina energía que desde el exterior se derra-
ma en cada centro, determina en la superficie del
cuerpo etéreo, y en ángulo recto con su propia dirección, energías secundarias en circular movimiento
ondulatorio, del mismo modo que una barra iman-
tada introducida en un carrete de inducción provoca
una corriente eléctrica que fluye alrededor del carrete en ángulo recto en dirección del imán.

Una vez que entra en el vórtice la energía primaria, vuelve a irradiar de sí misma en ángulos rectos, pero en líneas rectas, como si el centro del vórtice fuera el cubo de una rueda y las radiaciones de la primaria energía sus radios, los cuales enlazan a guisa de corchetes el doble etéreo con el cuerpo astral. El número de radios difiere en cada uno de los centros y determina el número de ondas o pétalos que respectivamente exhiben. Por esto los libros orientales suelen comparar poéticamente los chakras con flores.

Cada una de las energías secundarias que fluyen alrededor de la depresión semejante a un platillo, tiene su peculiar longitud de onda y una luz de determinado color; pero en vez de moverse en línea recta como la luz, se mueve en ondas relativamente amplias de diverso tamaño, cada una de las cuales es múltiplo de las menores ondulaciones que entraña. El número de ondulaciones está determinado por el de radios de la rueda, y la energía secundaria ondulada por debajo y por encima de las radiaciones de la energía primaria, parecida a un trabajo de cestería que pudiera entretejerse alrededor de los radios de una rueda de carruaje. Las longitudes de onda son infinitesimales y probablemente cada ondulación las contiene a millares.

16. ¿Cuáles son los Chakras más activos y cuáles los menos activos?

De los siete chakras mayores los de la sien, garganta, plexo solar, sacro y base son los más activos, los de la coronilla y el corazón son los últimos en desarrollarse, de modo que las lecturas de estos dos, casi siempre estarán dentro de su rango normal. El resto de los chakras están sujetos a la hiper o hipoactividad.

17. ¿De qué depende la capacidad para penetrar y acercarse a la actividad del Chakra?

Depende del estado de desarrollo de sus propios chakras y de su conocimiento de la estructura del chakra. Esta capacidad para penetrar en el chakra se refleja en los colores aparentemente contradictorios que se atribuyen a varias escuelas del pensamiento filosófico. Uno puede describir el chakra de la sien como verde, otro como rojo con tintes de amarillo, y otro más dirá que es negro. A menudo se relacionarán hasta ocho o nueve colores con algunos de los chakras.

18. ¿Cuál escuela del pensamiento filosófico tiene la razón sobre los colores que representan a los Chakras?

Todas las escuelas tienen la razón al respecto, porque mientras los diversos matices sutiles de los patrones de energía del chakra estén al alcance a través de la concentración, mostrarán varios colores y todos serán válidos y correctos.

19. Quien analice el estado de los Chakras ¿Basta que busque en el estado hiper, hipo o normal o hay algo más?

Obviamente hay mucho más y esta pregunta debe implicar el intento y la capacidad de penetrar en el chakra tan a fondo como sea posible, de manera que se pueda obtener una lectura significativa, algo menos y todo lo que se registrará serán las fluctuaciones de los aspectos superficiales de la actividad del chakra, lo que no dirá nada del valor real.

20. ¿Qué se puede hacer para obtener lecturas exactas?

Primero se debe tener la habilidad para entrar en el chakra a profundidad y esto deberá acompañarse con el intento de determinar el Estado Fundamental del chakra considerado.

21. ¿Qué produce la transferencia de energía?

La transferencia de energías siempre producirá un flujo anormal y mutación de fuerzas. Si las energías se acumulan en el chakra antes de la transformación, crean estados inflamatorios.

Alice Bailey hace un comentario importante sobre la transferencia de energía:

Conforme los centros del corazón y los centros superiores asuman el control, enfermedades como el cáncer, la tuberculosis y las diversas enfermedades sifilíticas (debidas a los años de actividad del centro sacro) gradualmente irán desapareciendo.

La energía que se transfiere de los centros inferiores a la garganta, si no se utilizan adecuadamente, origina enfermedades del tracto respiratorio y de la glándula tiroides.

Cuando la energía kundalini que reside en el chakra de la base sube por la espina con toda su fuerza, se activan por completo no sólo las tres hileras de pétalos sino también el punto Bindu, provocando la completa transformación de un hombre inferior en un ser perfecto.

La mayoría de las transferencias de energía de los chakras inferiores a los más altos es una fuente primordial de dolor físico y psicológico.

22. ¿En qué se basa la vida de los Chakras inferiores?

La vida de estos elementos se basa en primer lugar, en los tres centros inferiores en el cuerpo etérico:

1. El centro sacro————————————la vida mental elemental.

Transferida más tarde al centro de la garganta.

2. El centro del plexo solar————la vida astral elemental.

Transferida más tarde al centro del corazón.

3. El centro de la base————————la vida física elemental.

Transferida más tarde al centro de la coronilla.

23. ¿Cuáles son las energías que fluyen por el interior de todo ser humano?

La Divinidad emana de Sí misma diversas modalidades de energía. Quizás haya centenares de ellas completamente desconocidas para nosotros, pero se han observado algunas que apropiadamente se manifiestan en cada uno de los niveles alcanzados por el observador, aunque de momento se les considera tal y como se manifiestan en el mundo físico. Una de ellas es la electricidad, otra el fuego serpentino, otra la vitalidad y aún otra la energía de vida. Quien se proponga descubrir el origen de estas energías y su mutua relación, necesitará largos y continuados esfuerzos para lograrlo.

Por los chakras fluyen tres principales energías que podemos considerar como representativas de los tres aspectos del Logos. La energía que penetra por la acampanada boca del chakra y que con relación a sí misma establece una energía secundaria, es una de las manifestaciones de la segunda oleada o efusiones de vida, dimanante del segundo aspecto del Logos, o sea la corriente de vida que este segun-

do aspecto del logos efunde en la materia ya vitaliza-
da por la primera efusión procedente del tercer
aspecto del Logos.

La segunda oleada de vida, desciende a la materia a través de los tres reinos elementales hasta llegar al mineral, de donde asciende por los reinos
vegetal y animal hasta el reino humano donde con-
fluye con la tercera oleada de vida dimanante del
primer aspecto del logos; se subdividió en un número casi infinito de grados. Se difunde por medio
de innumerables millones de canales y se manifiesta en todos los planos y subplanos de nuestro sistema, aunque esencialmente es siempre la misma
energía sin que se la deba confundir con la primera
oleada que elaboró los elementos químicos con los
cuales formó la segunda oleada sus vehículos en
cada plano. Parece como si sus manifestaciones fue-
sen más graves o densas porque emplea materia
también más grave o densa. En el plano búdico se
manifiesta como el principio del Cristo que poco a
poco, imperceptiblemente, se va desenvolviendo en
el interior del alma humana.

En su ínfima manifestación vemos que se envuelve en un velo de materia etérea y desde el cuerpo astral se transfiere por conducto de los chakras al cuerpo físico en donde encuentra otra energía, la llamada fuego serpentino o kundalini, que misteriosamente surge del cuerpo humano.

24. ¿Qué son las energías psíquicas?

Las tres energías a las que ya se ha hecho mención: la primaria, la vital y el kundalini, no están directamente relacionadas con la vida mental y emocional del ser humano, sino tan sólo con su bienestar corporal. Pero también penetran por los chakras energías que pueden calificarse de psíquicas y espirituales. Los dos primeros chakras no manifiestan ninguna de estas energías, pero el chakra umbilical y los situados cuerpo arriba, son puertas de entrada para las energías que afectan a la conciencia humana.

25. ¿Qué es el fuego serpentino?

Esta energía es la manifestación en el plano físico de la primera oleada de vida dimanante del tercer aspecto del Logos. Existe en todos los planos que más o menos conocemos. No se transmuta en la primaria energía ya mencionada ni en la vitalidad dimanante del sol, y parece que en modo alguno la afecta ninguna otra modalidad de energía física.

Desde hace muchísimos años se sabe que en las entrañas de la tierra hay lo que se pudiera llamar el laboratorio del tercer aspecto del Logos. Hace siglos que penetró en el centro de la tierra la energía del tercer aspecto del Logos, pero todavía sigue allí elaborando gradualmente nuevos elementos químicos con creciente complejidad de formas y más intensa vida o actividad interna.

La energía del Kundalini o fuego serpentino de nuestro cuerpo procede del laboratorio del Espíritu Santo en las entrañas de la tierra y es parte del globo ígneo geocéntrico.

Kundalini mantiene a todos los seres del mundo por medio de la inspiración y la espiración. Es una fuerza vital. Por medio del poder de kundalini actúan todas las criaturas.

El fuego serpentino o kundalini, desempeña en la vida cotidiana una parte mucho más importante de la que hasta ahora se había supuesto; hay una suave manifestación de dicha energía ya despierta en todo hombre, que no sólo es inofensiva sino beneficiosa y que actúa día y noche llevando a cabo su obra, aunque se ignore su presencia y actividad. Por supuesto que ya se había observado esta energía al fluir por los nervios, llamándola fluído nervioso, pero sin saber lo que en realidad es. Al estudiarla y descubrir su fuente, se ha averiguado que penetra en el cuerpo humano por el chakra fundamental.

Kundalini, como las demás modalidades de energía, es invisible; en el cuerpo humano se alberga en un peculiar nido de huecas esferas concéntricas de materia astral y etérea, una dentro de otra como las bolas de un rompecabezas chino. Se considera que son siete dichas esferas concéntricas, dentro del chakra fundamental y alrededor de la última celda o hueco del espinazo, cerca del cóccix; pero sólo en la esfera externa está activa la energía en el hombre ordinario. En las demás "dormita", según algunos libros orientales, y cuando el hombre intenta actualizar la energía latente en las capas internas, se muestran los peligrosos fenómenos del fuego serpentino.

26. ¿Cómo se puede despertar a Kundalini?

Se considera como prerrequisito primario para despertar esta energía dormida a la purificación del cuerpo: la purificación de la mente y la limpieza de los nervios. La purificación es un dispositivo destinado a liberar todo el sistema de las toxinas acumuladas. Como la mente y el cuerpo trabajan siempre en coordinación, la purificación del cuerpo ayuda a la mente y viceversa.

27. ¿Qué es el Logos?

Es la Palabra Creadora, el Ser que sostiene un planeta, un sol o un Universo y que recibe el nombre de Logos Planetario, Logos Solar, Logos Cósmico respectivamente.

(Véase Ilustración No. 3)

28. ¿Cuál es el modelo teosófico del hombre?

El modelo teosófico del hombre, propone que cada ser humano consta de un espíritu, un alma y una personalidad. Esta última comprende el cuerpo mental, el emocional y el etérico. El denso cuerpo físico se ve simplemente como una exteriorización de los cuerpos sutiles; no como un principio en sí mismo sino reflejando patrones de las estructuras de energía interna de la anatomía sutil. Cuando un esoterista habla del cuerpo "físico" por lo general se refiere al cuerpo etérico. No existe un cuerpo físico/etérico.

29. ¿De qué se compone el cuerpo físico?

El cuerpo físico se compone de ocho elementos conocidos con el nombre en sánscrito de mula pra-

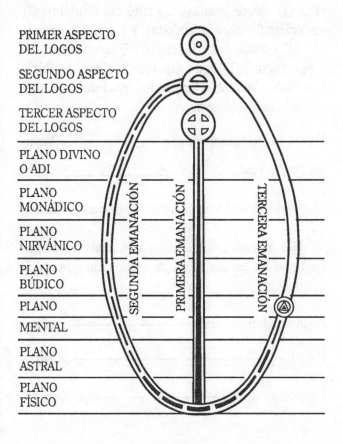

PRIMER ASPECTO
DEL LOGOS

SEGUNDO ASPECTO
DEL LOGOS

TERCER ASPECTO
DEL LOGOS

PLANO DIVINO
O ADI

PLANO
MONÁDICO

PLANO
NIRVÁNICO

PLANO
BÚDICO

PLANO

MENTAL

PLANO
ASTRAL

PLANO
FÍSICO

SEGUNDA EMANACIÓN

PRIMERA EMANACIÓN

TERCERA EMANACIÓN

Ilustración No. 3

kriti: (1) mente (manas); (2) intelecto (buddhi); (3) ego/identificación (ahamkara); y los cinco elementos: (4) espacio/éter (akasha); (5) aire (vayu); (6) fuego (agni); (7) agua (apah); (8) tierra (prihvi). Los cinco elementos forman los tres humores básicos del cuerpo (doshas):

Viento (del elemento aire) —————————— Vayu

Bilis (del elemento fuego ————————— Pitta

Mucosidad (combinación de agua y tierra)— Kapha

Del mismo modo existen tres cualidades (gunas) que actúan por medio de dichos humores básicos del cuerpo:

Ecuanimidad, pereza ————————— Sattva

Pasión ———————————————— Rajas

Pereza, oscuridad ————————————— Tamas

30. ¿Cómo actúa un rayo?

Un rayo confiere, a través de su energía, condiciones físicas peculiares y determina la calidad de la naturaleza astral-emocional; colorea el cuerpo de la mente; controla la distribución de energía de los rayos que están en diferentes rangos de vibración, y gobierna un centro particular en el cuerpo (diferente con cada rayo) a través del cual se hace esta distribución. Cada rayo actúa principalmente a través de un centro, y a través de los seis restantes en un orden específico. El rayo predispone al hombre a ciertas fuerzas y debilidades y constituye su principio de limitación al tiempo que le da capacidad. Gobierna el método de su relación con otros tipos humanos y de una u otra forma es responsable de sus reacciones. Le da su color y sus propiedades, su tono general en los tres planos de la personalidad, y modula su apariencia física. Ciertas actitudes de la mente son fáciles para un tipo de rayo y difíciles para otro, de ahí los patrones cambiantes de personalidad de rayo a rayo, de vida a vida, hasta que se desarrollan y se expresan todas las cualidades. Algunas almas, debido a su destino de rayos, se encuentran en ciertos campos de actividad, y un campo particular de esfuerzo permanece relativamente igual para muchas expresiones de la vida. Cuando un hombre ha recorrido las dos terceras partes del sendero evolutivo, su tipo de rayo del alma empieza a dominar el tipo de rayo de la personalidad, y por esto gobernará el rumbo de su expresión en la Tierra.

31. ¿Cuáles son los siete rayos?

Cada aspecto de la constitución esotérica del hombre está calificado por la energía de un rayo. Así, existe el rayo de la mónada o espíritu; el rayo del alma; el rayo del cuerpo mental; el rayo del cuerpo emocional; y, los del cuerpo etérico y la personalidad. Este último aparece cuando el individuo ha logrado un grado de integración entre los diferentes cuerpos del ser inferior. Estos rayos forman el patrón de vida del individuo y le confieren su fuerza y su debilidad, su potencial y sus limitaciones.

De acuerdo con Alice Bailey, existen siete grandes corrientes de energía, y cada forma en la naturaleza puede encontrarse en un rayo o en otro. La interrelación entre estos rayos, produce las innumerables formas que vemos en el mundo e incluso en el Universo. Se consideran como la primera diferenciación de la Divina Triplicidad; en la Biblia se mencionan como los Siete Espíritus ante el Trono de Dios.

32. ¿Qué utilidad tiene el conocimiento de los rayos?

Muchas. En primer lugar permite comprender las tendencias mentales, emocionales y físicas. En segundo lugar, se puede valorar más claramente las habilidades, oportunidades, limitaciones y capacidades. Con el conocimiento introspectivo que brinda el reconocimiento de los rayos, es posible determinar más acertadamente la vocación real y no sólo el campo de servicio a la humanidad.

33. ¿Dónde reside el foco de nuestra vida?

Está en el cuerpo astral y se manifiesta a través del chakra del plexo solar, o está en el nivel mental y trabaja a través de los chakras de la garganta, la cabeza y el corazón. Por lo general, hay un foco primario definitivo de orientación astral o mental. Se deben tener algunos conocimientos sobre los estados de los chakras y sobre qué tan activos o subactivos son, porque sus efectos en el sistema endocrino dictarán, en buena medida, el estado de la condición física y psicológica de un individuo.

34. ¿Cómo se puede determinar la caracterización de rayos de un individuo y los estados de las Chakras?

Con el correcto entrenamiento y una adecuada sensibilidad es posible determinar la caracterización de rayos de un individuo y los estados de los chakras, así como la integridad funcional de los sistemas orgánicos en un nivel etérico. Estos datos de los patrones de vida, pueden relacionarse para formar un cuadro holístico del paciente y usarse, uno a uno, para ayudarlo en cualquier crisis por la que atraviese. Estos datos son como un espejo que debe colocarse frente al paciente para que pueda observar su propio reflejo, y esto es importante porque el reflejo contendrá no sólo las limitaciones que percibe en el momento, sino también su potencial y sus habilidades más profundas.

35. ¿Cómo se dividen los siete rayos?

Existen siete rayos, pero es importante estar conscientes de que los siete rayos que nos atañen son los subrayos del segundo rayo. Vivimos en un sistema de segundo rayo, un sistema en que el Amor y la Sabiduría se desarrollan y se expresan. Cristo y Buda son los principales exponentes de este rayo.

Los siete rayos o constructores ofrecen a cualquier individuo el campo de acción para un estudio de por vida. Dichos rayos son:

Los Rayos del Aspecto. Estos participan de la Naturaleza del Padre.

1er. Rayo Poder, Voluntad y Determinación.
2o. Rayo Amor-Sabiduría.
3er. Rayo Inteligencia activa

Los Rayos del Atributo. Estos participan de la Naturaleza de la Madre.

4o. Rayo Armonía a través del conflicto.
5o. Rayo Ciencia o Conocimiento.
6o. Rayo Idealismo o Devoción.
7o. Rayo Orden o Magia Ceremonial.

36. ¿Qué relación tienen los siete rayos y su color con los Chakras?

A cada rayo se le atribuye un color y cada uno de ellos tiene relación con los chakras, de la siguiente manera:

1er. Rayo Rojo Chakra de la coronilla.

2o. Rayo Azul Chakra del corazón.

3er. Rayo Amarillo Chakra de la garganta.

4o. Rayo Naranja Chakra de la frente.

5o. Rayo Verde Chakra del sacro.

6o. Rayo Violeta Chakra del plexo solar.

7o. Rayo Índigo Chakra de la base.

37. ¿Cuál es el color exotérico y cuál el esotérico de cada rayo?

Los rayos poseen un color esotérico (lo oculto, secreto, de acepción muy elevada) y un color exotérico (lo revelado, de dominio público) que son los siguientes:

Rayos	Color Exotérico	Color Esotérico	Localización Corpórea
1er.	Naranja	Rojo	Atmósfera vital en el cráneo
2o.	Índigo con Púrpura	Azul claro	El corazón
3er.	Negro	Verde	Centro de la espina

4o.	Crema	Amarillo	No aparece
5o.	Amarillo	Índigo	Cerebro
6o.	Rojo	Rosa platino	No aparece
7o.	Blanco	Violeta	No aparece

38. ¿Cómo es el primer rayo?

Rayo de la voluntad o el poder. Es la energía de la voluntad y el poder que puede funcionar como destructora de la forma, desata la destrucción que produce la liberación. Algunos de sus títulos esotéricos son:

El Señor de la Muerte
El Liberador de la Forma
El Más Elevado
La Voluntad que irrumpe en el Jardín
El Señor de la Tierra Ardiente

Confiere una actitud encaminada a algo, cualidades naturales de liderazgo, un gran intercambio de flujo positivo, una directriz en las relaciones personales y en el cumplimiento de los quehaceres, y la habilidad para iniciar actividades y para gobernar. Donde este rayo sea realmente activo, se tendrán personas con un sentido verdadero del destino y un sentido innato de poder. Este es el rayo del soldado, del gobernante, del hombre de estado, del explorador y del líder. Su expresión superior se manifiesta en la ciencia de los estadistas y los gobernantes. Su expresión inferior, en la diplomacia y la política modernas.

La gente del primer rayo, se inclina por ser ambiciosa y arrogante; con amor por el poder; carecen a menudo de consideración hacia los demás y son presa de impaciencia e irritabilidad.

39. ¿Cuáles son las características del primer rayo?

Cada rayo posee sus virtudes, vicios y encantos. Las virtudes y los vicios son suficientemente íntegros, pero los encantos son las cualidades insidiosas, ilusorias de un rayo que pueden desviarnos de la verdad.

Virtudes especiales

Valor, constancia, fortaleza, arraigo a la verdad originado por la intrepidez, poder para ordenar, capacidad para manejar grandes problemas y conceptos con ideas liberales, y para manejar hombres y valores.

Vicios

Ambición, orgullo, dureza, obstinación, arrogancia, deseo de controlar a los demás, ira y tosudez.

Encantos

Amor por el poder y la autoridad. Orgullo y ambición personal. Impaciencia e irritación, tendencia a la separación, aislamiento, frialdad y egocentrismo.

Virtudes que deben adquirirse

Simpatía, tolerancia, humildad, ternura. Sentido de preocupación por los demás.

40. ¿Cómo es el segundo rayo?

Rayo del amor-sabiduría. Es el rayo del amor universal, la intuición, la introspección, la cooperación, la filantropía y la sabiduría. De esta fuente de energía surgen los sabios, los sanadores, los maestros y los reformadores de la humanidad. Su búsqueda es para servir, enseñar, sanar, iluminar y salvar a sus semejantes. La expresión superior de la enseñanza a lo largo de esta línea de energía se manifiesta en el proceso de iniciación de los Iluminados. La expresión inferior, en la religión.

La naturaleza del segundo rayo es incluyente y magnética. Las personas en este rayo tienden a ser naturalmente compasivas y a mostrar una genuina preocupación por los demás. Por lo general son agradables y sociables; son pacifistas pero tienen una fuerte tendencia a lo negativo. Se desvían fácilmente de sus propósitos, o sus puntos de vista cambian de acuerdo a sus compañías. Sus debilidades son el sentimentalismo, la sensualidad y una tendencia a ser imprácticos. Tienen capacidad para **comprender la naturaleza subjetiva de las circuns-**

tancias y los acontecimientos. Casi siempre están dispuestas a ayudar a los demás y a menudo encuentran su camino en las profesiones de ayuda y curación. La gente de este rayo rara vez está satisfecha con lo que ha obtenido en la vida. El miedo y la ansiedad son una carga muy real para estas personas debido a su innata sensibilidad.

En ocasiones se hace referencia al segundo rayo como:

El Desplegador de la Gloria
El Resplandor de la Forma
La Gran Geometrista
El Cristo Cósmico
El Señor del Amor Eterno

Aunque estos nombres pueden parecer una clase de título peculiar, la verdad es que son potentes semillas de pensamiento para que cualquier sanador medite en ellas. Esto se aplica, por supuesto, a todos los nombres de los Señores de los rayos.

41. ¿Cuáles son las características del segundo rayo?

Virtudes especiales

Fortaleza, paciencia, calma, constancia, amor a la verdad, intuición, fidelidad, un temperamento sereno y una inteligencia clara.

Vicios

Indiferencia hacia los demás, frialdad, si se enfatiza demasiado el aspecto de la sabiduría, desprecio por las limitaciones mentales de los demás, demasiada absorción en los estudios.

Encantos

Miedo, negatividad. Un sentimiento de inferioridad e insuficiencia. Un pobre concepto de sí mismos. Depresión, ansiedad constante, autocompasión. Excesiva modestia, inercia e ineficacia.

Virtudes que deben adquirirse
Amor, compasión y generosidad

42. ¿Cómo es el tercer rayo?

Rayo de la inteligencia activa. Es el rayo de la ideación creativa, la adaptabilidad, la dignidad, la imparcialidad, la comprensión y el entendimiento. También es el rayo de los negocios, la industria, la tecnología, las comunicaciones y el transporte. La gente en este rayo normalmente triunfa en los negocios y puede manejar dinero con eficacia y sabiduría. Tiene habilidad para planificar y conoce la forma más económica de conseguir sus fines. A menudo tiene una buena coordinación física. El tercer rayo es el poder que evoca la forma, es el rayo del constructor real. Tiene el poder de evolucionar, la cualidad de la iluminación mental y la capacidad de producir síntesis en el plano físico. Es el rayo del astrólogo, el diplomático, el escolar, el filósofo, el juez, el economista, el banquero, el estratega y el director. Es el rayo de los herbolarios y los médicos homeópatas.

Algunos nombres que se aplican a este rayo son:

El Constructor de los Cimientos
El Gran Arquitecto del Universo

El Dispensador del Tiempo
El Señor de la Memoria
El Iluminador del Loto

43. ¿Cuáles son las características del tercer rayo?

Virtudes especiales
Sinceridad de propósitos, intelecto claro, capacidad de concentración en estudios filosóficos, precaución, paciencia.

Vicios
Aislamiento, frialdad, orgullo intelectual, mente ausente, poca observación de detalles, egoísmo, obstinación, crítica excesiva hacia los demás.

Encantos
Preocupación por detalles. Eficiencia, vanidad, esquematización y manipulación de los demás. Desviación y egoísmo.

Virtudes que deben adquirirse

Devoción, tolerancia, esmero, sentido común, simpatía.

44. ¿Cómo es el cuarto rayo?

Rayo de la armonía a través del conflicto. A menudo se habla de este rayo como el del artista, el mediador y el intérprete. Este rayo confiere una sensibilidad inherente al color y la forma en la proporción correcta, y una capacidad para la creación artística. La gente de este rayo suele tener excelentes dones, pero los aspectos de inercia de este rayo pueden evitar que los expresen plenamente. Tienden a la ambivalencia, la vacilación y la inestabilidad. Hay también un fuerte impulso hacia la difusión de energías en varios caminos a la vez. La gente del cuarto rayo a menudo es impulsiva y reacciona excesivamente a las situaciones que producen tensión. Puede ser hiperactiva en un momento e indolente en otro. El enfoque de la curación es a través del masaje y del magnetismo. Es el rayo del combate y de la lucha.

Algunos nombres que se le dan a este rayo son:

El Perceptor en el Camino
El Intermediario Divino
El Corrector de la Forma
El Morador del Edén

45. ¿Cuáles son las características del cuarto rayo?

Virtudes especiales
Valor físico, devoción, fuertes afectos, percepción, simpatía, agilidad de intelecto, generosidad.

Vicios
Egocentrismo, preocupación, extravagancia, pasiones fuertes, falta de coraje moral, egocentrismo e indolencia.

Encantos
Vaguedad y falta de objetividad. Dispersión de intereses y energía. Constantes conflictos internos y externos. Provocación de discusiones y asperezas.

Virtudes que deben adquirirse

Serenidad, confianza, pureza, autocontrol, balance mental y moral, exactitud, generosidad.

46. ¿Cómo es el quinto rayo?

Rayo del conocimiento concreto y la ciencia. Es el rayo de la mente inferior que ha influido en la educación y ha hecho crecer a la ciencia. Es el rayo de científicos, abogados, físicos, matemáticos y astrónomos. La gente de este rayo analiza y valora; no tolera la vaguedad y necesita ver todo medido y probado de acuerdo a patrones ortodoxos. Enfrenta la curación a través de la cirugía y la electricidad, modalidades de la psicoterapia.La puntualidad y el orden son características del quinto rayo y las personas en este rayo enseñarán con el uso de diagramas, explicaciones detalladas y esquemas.

El quinto rayo lleva al descubrimiento, y la gente de este rayo tiene un fuerte deseo de conocimiento. Odia que le comprueben sus equivocaciones o admitir errores mentales.

Algunos nombres que se le dan a este rayo son:

El Revelador de la Verdad
El Dispensador de Conocimiento
La Espada Divisoria
El Guardián de la Puerta

47. ¿Cuáles son las características del quinto rayo?

Virtudes especiales
Sentido común, perseverancia, justicia sin clemencia, agudo intelecto, independencia, honradez, penetración y aplicación mental perceptiva.

Vicios
Poco respeto, falta de simpatía, prejuicio, estrechez, crítica inclemente.

Encantos
Crítica, análisis constante y quisquilloso, orgullo intelectual, valoración de una mentalidad fría y menosprecio de los sentimientos, razón, las pruebas y la intelectualidad son intocables.

Virtudes que deben adquirirse
Amplitud de criterio, amor, devoción, simpatía, respeto.

48. ¿Cómo es el sexto rayo?

Rayo de la devoción. Es la energía que alimenta el idealismo y las actitudes nacionalistas. Es claramente activo en el mundo actual pero según Alice Bailey, empezó a salir de este ciclo de manifestaciones en el año 1625 D. C. Es el rayo de los místicos, santos, mártires y evangelistas. Las personas de este rayo están llenas de instintos religiosos que involucran intensos sentimientos personales e impulsos. La Inquisición fue una manifestación de energía del sexto rayo. Las personas del sexto rayo a menudo son intolerables y fanáticas, deben tener un dios personal. Desaprueban, ignoran o desprecian el intelecto. Su fidelidad a una causa, buena o mala, será muy fuerte y trabajarán con ardor, determinación y entusiasmo por lo que creen. Alice Bailey afirma que el sexto rayo ha dejado su marca sobre la humanidad más que cualquier otro rayo;

señala que ha producido la historia corrupta y horrible de la crueldad del hombre con el hombre.

El sanador del sexto rayo trabaja a través de la fe y la oración. Enseñan la verdad en su expresión superior mediante la Cristiandad y diversas religiones. Al parecer hay dos tipos de personas del sexto rayo: las visionarias y líderes militantes y las servidoras devotas. Las primeras pueden ser despóticas y llenarse con impulsos impetuosos, mientras que las segundas, se conforman con ser fácilmente dirigidas.

Algunos nombres que se le dan a este rayo son:

El Ladrón Divino
El Crucificador y el Crucificado
El Devoto de la Vida
El Aborrecedor de las Formas
El Guerrero en la Marcha

49. ¿Cuáles son las características del sexto rayo?

Virtudes especiales
Intuición, respeto, amor, devoción, lealtad, ternura.

Vicios
Amor celoso y egoísta, enojo, prejuicio, autoengaño, sectarismo, parcialidad, dependencia extrema de los demás.

Encantos
Sentimientos intensos, mentalidad estrecha, devoción exagerada, fanatismo, rigidez, resistencia al cambio.

Virtudes que deben adquirirse
Abnegación, tolerancia, pureza, fortaleza, serenidad, verdad, flexibilidad, equilibrio, sentido común.

50. ¿Cómo es el séptimo rayo?

Rayo de la magia ceremonial o del orden. Da las reglas para la ley y el orden. Es el rayo del mago, del ritualista, del productor y director de espectáculos. Las personas de este rayo son escultores perfectos y organizadores natos. Este rayo funciona a través de la organización y la síntesis y está directamente relacionado con las ceremonias, el sexo, el dinero y el gobierno. La Radiónica es una técnica curativa del séptimo rayo relacionada con los rituales y ceremonias de la magia blanca y con las fuerzas de la vida que sostienen al hombre a través de sus chakras. A las personas de este rayo no les gusta perder su poder externo, ni las humillaciones, la rudeza, la descortesía la frustación o la crítica en contra de alguien inferior; buscan la destreza y la dignidad en su trabajo y su presencia.

El maestro del séptimo rayo, enseña a través de la dramatización y el lenguaje sagrado. Enseña la verdad en su expresión superior mediante todas las formas de magia blanca, y en su expresión inferior por medio del espiritualismo.

Algunos nombres de este rayo son:

El Mago Descubierto

El Trabajador en el Arte de la Magia

El Poseedor de la Palabra Mágica

El Trabajador de la Alquimia Divina

La Fuerza Orientadora

La Llave del Misterio

El que Eleva la Vida

51. ¿Cuáles son las características del séptimo rayo?

Virtudes especiales
Confianza en sí mismo, valor, cortesía, perseverancia, fuerza.

Vicios
Orgullo, estrechez, fanatismo, formalismo, vanidad indulgente, juicios superficiales, vanidad indulgente, organización excesiva, tendencia al alboroto.

Encantos
Exceso de énfasis en la organización y la forma, amor a lo secreto y misterioso, psiquismo, encanto por lo ritual y lo ceremonioso, interés por los augurios y las supersticiones.

Virtudes que deben adquirirse
Mentalidad abierta, humildad, tolerancia, amor, gentileza.

52. ¿Qué es la enfermedad desde el punto de vista esotérico?

La enfermedad, según términos ortodoxos, parece surgir de desbalances de energía en los chakras o los cuerpos sutiles. Es el reflejo superficial de muchas cosas y quizás se deba, desde un punto de vista esotérico, a la centralización básica de la energía de la vida, establecida en el cuerpo mental o astral, la personalidad o el alma, los chakras de la cabeza, del plexo solar o del sacro. Tal vez se deba al estado de los chakras, congestión o sobreestimulación de los nadis, condiciones de la

Tierra, tensión interna, herencia de miasmas y desbalances genéticos, fricción entre los rayos del alma y la personalidad, fanatismo mental o emocional, abuso de las energías sexuales, energías del alma inhibidas, falta de coordinación e integración etérica, frustración de ideales, intercambio de energía de un chakra a otro a través de las estructuras internas de energía.

53. ¿Qué es un Miasma?

Los miasmas han sido definidos como patrones de energía de enfermedad, patrones predispuestos de enfermedad, semillas de enfermedad. En términos esotéricos constituyen la imperfección de la substancia planetaria (mental, astral y etérica) de la que obtenemos el material para construir nuestros vehículos o nuestras cubiertas. De acuerdo con la programación de las substancias por parte de los átomos permanentes, nosotros elegimos aquellos materiales que pueden contener las semillas de las tres enfermedades principales. La fuerza de esta energía-substancia corrupta dependerá de muchos factores, baste decir que los escogemos, así que somos responsables de ellas y de que se expresen a través de una mala salud.

54. ¿Cuál es la relación entre los Chakras y los Rayos?

La relación entre los chakras y los rayos es la siguiente:

Primer	Rayo Chakra de la Coronilla
Segundo	Rayo Chakra del Corazón
Tercer	Rayo Chakra de la Garganta
Cuarto	Rayo Chakra de la Sien
Quinto	Rayo Chakra del Sacro
Sexto	Rayo Chakra del Plexo Solar
Séptimo	Rayo Chakra de la Base

55. ¿Cómo se conocen los rayos tal y cómo gobiernan la materia astral?

Primer	Rayo Chakra de la Coronilla
Segundo	Rayo Chakra del Corazón

Tercer	Rayo Chakra del Sacro
Cuarto	Rayo Chakra de la base
Quinto	Rayo Chakra de la Garganta
Sexto	Rayo Chakra del Plexo Solar
Séptimo	Rayo Chakra de la Sien

56. ¿Cómo es el primer rayo: Chakra de la coronilla?

Este rayo tiene el poder de cristalizar y hacer quebradizo y acerado; se relaciona con la atrofia del cuerpo físico, el proceso de envejecimiento que da origen a la muerte. Es el rayo del destructor y está relacionado con el cáncer, con los tumores cerebrales, con la afección a los ojos y la inflamación nerviosa. También se relaciona con la autocompasión . Su aspecto bueno estriba en el sacrificio y la dedicación del yo a cosas más elevadas.

57. ¿Cómo es el segundo rayo: Chakra del Corazón?

Este rayo tiene gran poder para construir, vitalizar y dar coherencia a las formas. Puede fácilmente sobreestimular. El cuerpo etérico puede volverse demasiado potente para la forma física y provocará tumores, crecimientos desordenados, quistes, fibromas, problemas cardíacos y problemas relacionados con el estómago. Hay una estrecha relación, desde el punto de vista de la energía entre el chakra del bazo, el del corazón y el del plexo solar: las energías vertidas a través de estos centros sobre la fuerza de la vida producirán tumores, en especial si el deseo y la ambición son frustrados o suprimidos por un chakra hipoactivo del plexo solar. Dos aspectos negativos de la energía del segundo rayo son el amor a sí mismo, llevado a los extremos, y la focalización en la personalidad. En el nivel positivo, el amor al alma y el amor al grupo son opuestos al amor a la personalidad. Las personas con un chakra hipoactivo del corazón, normalmente tienen una gran preocupación por sí mismas y falta de consciencia de grupo. Por otra parte, **si el chakra del** corazón es hiperactivo, la conciencia de grupo se encuentra presente y tal vez exista un proceso de transferencia de energías en dicho centro desde el plexo solar.

58. ¿Cómo es el tercer rayo: Chakra del Sacro?

El tercer rayo es la energía de la substancia. Está relacionado con la manipulación de la gente, las situaciones y las energías en una forma astral para la satisfacción material o sexual. Producirá enfermedades intestinales y gástricas, problemas estomacales, baja vitalidad y ciertos desórdenes cerebrales. La sífilis, la gonorrea y el SIDA entre los homosexuales, se relacionan con la energía de este rayo.

59. ¿Cómo es el cuarto rayo: Chakra de la Base?

Es el rayo que difunde la energía. En términos humanos, la difusión de la energía propicia una falta de resistencia, lo que hace posible que se manifiesten todas las formas de enfermedad. De este rayo pueden surgir miasmas que pueden ser activados por una intensificación del flujo de esta energía a través del organismo. Las caídas y los golpes emocionales también precipitan los miasmas del nivel sutil al físico, pero es más importante entender la dinámica de la energía del proceso. De esta energía proviene una gran susceptibilidad a las enfermedades infecciosas y a los contagios. El cuarto rayo está detrás de todas las epidemias. La locura en sus distintas formas está relacionada con este rayo. Su aspecto negativo es el dogmatismo y el egoísmo; el misticismo, su expresión más elevada.

60. ¿Cómo es el quinto rayo: Chakra de la Garganta?

Esta energía se manifiesta principalmente en el plano mental, de este modo se convierte en la energía asociada con muchos problemas psicológicos y conflictos mentales. De acuerdo a A. Bailey, la ES-CISIÓN es la característica sobresaliente de esta energía, y dicha escisión puede manifestarse en un nivel personal entre los cuerpos mental, astral y etérico o entre el individuo y su grupo, volviéndose antisocial. La imbecilidad es una enfermedad de escisión, igual que muchos problemas psicológicos. Expresiones del quinto rayo son la locura, lesiones cerebrales, algunos cánceres y desbalances metabólicos. Uno de los aspectos negativos del quinto rayo es un psiquismo bajo; en el nivel superior, sus aspectos buenos son la creatividad, la sensibilidad y la inspiración.

61. ¿Cómo es el sexto rayo: Chakra del plexo solar?

Esta energía se relaciona directamente con muchas enfermedades de la esfera sexual. Según A. Bailey, la debilidad, el deseo, el aturdimiento, las perversiones y el desarrollo exagerado de los focos sexuales, la crueldad, la lujuria, los placeres sádicos y las enfermedades, provienen de la energía del sexto rayo cuando su uso es perverso. También está directamente relacionado con los problemas gástricos, enfermedades hepáticas y del sistema nervioso. El sentimentalismo es el aspecto negativo de la energía del rayo, considerando que la aspiración y la orientación correcta son sus cualidades positivas.

62. ¿Cómo es el séptimo rayo: Chakra de la Sien?

Esta energía que ahora se manifiesta poderosamente une a la Vida y la Materia en el plano físico. Se asocia con enfermedades infecciosas y contagiosas y con la promiscuidad. Las enfermedades del corazón y algunos tumores se relacionan con el séptimo rayo, igual que los problemas de la espina. Los aspectos negativos de este rayo son el egoísmo, el amor propio y magia negra. Los aspectos positivos se encuentran en la magia blanca y la manipulación de fuerzas y energías para la curación del hombre y el planeta.

63. ¿Cuáles son las enfermedades primarias?

Se ha dicho que hay tres enfermedades primarias de las que emergen todas las demás. Curiosamente están en todos los rayos del aspecto: el primero (cáncer), el segundo (tuberculosis) y el tercero (sífilis).

64. ¿Cómo se detectan las enfermedades primarias?

Las enfermedades pueden detectarse de la siguiente manera:

1. Las enfermedades sifilíticas se deben al abuso de la energía del tercer rayo, la creatividad, la energía de la inteligencia y la propia substancia.
2. La tuberculosis es el resultado del abuso de la energía del segundo rayo.
3. El cáncer es una reacción misteriosa y sutil de la energía del primer rayo, el deseo de vivir, que es uno de los aspectos de este rayo. Da como resul-

tado hiperactividad y crecimiento de las células del cuerpo cuyos deseos por vivir se vuelven destructivos para el organismo en que se encuentran.

La sífilis se relaciona con el chakra del sacro, el cuerpo etérico y la energía del tercer rayo. La tuberculosis se relaciona con el chakra de la garganta, el cuerpo mental y la energía del segundo rayo. El cáncer se relaciona con el chakra del plexo solar, el cuerpo astral y la energía del primer rayo.

Si una persona aprende el lenguaje de los rayos y se familiariza con sus cualidades, llegará el momento en que su comprensión trascienda el simple aprendizaje de las palabras asociadas con estas energías.

65. ¿Qué importancia tienen los siete tipos de energía en el cuerpo humano?

Todas las enfermedades y padecimientos de la salud son el resultado de la actividad o inactividad de uno u otro de los siete tipos de energía que entran en juego en el cuerpo humano. Todas las enfermedades físicas surgen del impacto de estas energías imperfectas conforme impactan, penetran y atraviesan los centros en el cuerpo. Todo depende de la condición de los siete centros en el cuerpo humano; a través de ellos, se ponen en juego las energías impersonales, trayendo vida, enfermedad o muerte; estimulando las imperfecciones en el cuerpo o trayéndole curación. Todo depende, en cuanto al ser humano, de las condiciones del cuerpo físico, la edad del alma y las posibilidades kármicas.

66. ¿Qué función desempeñan los Chakras cuando están en plena actividad?

Además de mantener vivo el cuerpo físico, los chakras desempeñan otra función cuando están en plena actividad. Cada chakra etéreo corresponde a otro astral; pero como este es un vórtice de cuatro dimensiones, tiene una extensión de la que carece el vórtice del chakra etéreo, y por lo tanto, no pueden coincidir exactamente ambos chakras, aunque coincidan en las tres dimensiones del etéreo.

El chakra etéreo está siempre en la superficie del doble etéreo, mientras que el chakra astral está frecuentemente en el interior del cuerpo astral. Los chakras etéreos en plena actividad o completamente despiertos, transfieren a la conciencia física toda cualidad inherente en el correlativo chakra astral.

67. ¿Cuáles son los Chakras astrales?

El primero de estos chakras es el foco kundalini o fuego serpentino, existente en todos los planos y cuya actividad despierta los demás chakras. El segundo chakra astral corresponde al esplénico físico, por cuyo medio se vitaliza todo el cuerpo astral, capacitando al hombre astral para viajar conscientemente aunque con todavía vago concepto de lo que encontraba en sus viajes. El tercer chakra astral, corresponde al umbilical físico, que despierta en el cuerpo astral la facultad de recibir toda clase de sanciones aunque sin percibirlas claramente todavía. La vivificación del cuarto chakra astral, correspondiente al cardiaco físico, capacitó al hombre para recibir y comprender las vibraciones de otras entidades astrales y simpatizar con ellas de modo que conociera instintivamente sus sentimientos

El despertamiento del quinto chakra astral, correspondiente al laríngeo, confirió al hombre la facultad de audición en el plano astral, esto es, que le actualizó el sentido que en el mundo astral produce en nuestra conciencia el mismo efecto que en el mundo físico se llama audición. El despertamiento del sexto chakra astral, correspondiente al del entrecejo, produjo análogamente la visión astral o facultad de percibir clara y distintamente la forma y naturaleza de los objetos astrales, en vez de sentir vagamente su presencia. El despertamiento del séptimo chakra astral correspondiente al coronal, completaba la vida astral del hombre y perfeccionaba sus facultades. Respecto a este último chakra, parece existir alguna diferencia según el tipo al que el hombre pertenezca.

68. ¿Qué son los planos de Manifestación?

Son estados de organización de la materia por vibración. Existen cuarenta y nueve planos agrupados de siete en siete, de los cuales los siete inferiores de arriba abajo son:

Adico
Monádico
Atmico
Búdico
Mental
Astral
Físico

69. ¿Cuáles son las correspondencias entre los rayos, planos de manifestación y Chakras?

RAYO	PLANO	CUALIDAD	CHAKRA
Primero	Adi	Espíritu Puro	Coronilla
Segundo	Anupadaka	Monádico	Corazón
Tercero	Atmico	Voluntad	Garganta

Cuarto	Búdico	Intuición	Sien
Quinto	Manásico	Mente	Sacro
Sexto	Astral	Emoción	Plexo Solar
Séptimo	Etérico		Base

70. ¿Cuáles son las siete gemas que le corresponden a cada rayo?

RAYO	GEMA
Primero	Diamante
Segundo	Zafiro
Tercero	Esmeralda
Cuarto	Jaspe
Quinto	Topacio
Sexto	Rubí
Séptimo	Amatista

71. ¿Cuál es el uso terapéutico del primer rayo: Diamante?

El diamante es una piedra que se asocia a menudo con el rayo y el relámpago. Se decía que los remedios hechos con diamantes era un antídoto contra venenos; se utilizaban para tratar problemas de vejiga, especialmente si tenían que ver con cálculos. Se usaba como protección de plagas o de la peste, y en algunos casos, del insomnio.

72. ¿Cuál es el uso terapéutico del segundo rayo: Zafiro?

El zafiro era considerado como una defensa poderosa contra el mal, y capaz de atraer los favores divinos. Igual que el diamante, se pensaba que era un antídoto contra el veneno y que traía buena suerte. El zafiro estrella ha sido llamado una <<Piedra del Destino>> porque se dice que las tres barras que lo cruzan representan la Fe, la Esperanza y el Destino. Terapéuticamente, se piensa que es útil para remover impurezas de los ojos y para tratar enfermedades oculares. Hay registros que muestran que se pensaba que era eficaz en el tratamiento de forúnculos infectados.

73. ¿Cuál es el uso terapéutico del tercer rayo: Esmeralda?

Se decía que esta piedra desarrollaba poderes sobrenaturales y que mejoraba e incluso confería poderes proféticos. Fue utilizada para reforzar la memoria, para mejorar la facilidad de palabra, agudizar los conocimientos y agilizar los poderes del intelecto. Los magos utilizaron esmeraldas para fortalecer sus hechizos y para obtener el poder de ver el futuro. Como muchas piedras preciosas, se usó como antídoto contra venenos y heridas venenosas. Muchos la usaron como protección contra la posesión demoniaca. En la India se utilizó como laxante, y en otro lugar para tratar la epilepsia, la fiebre, las hemorragias y la lepra. Si se colocaba sobre el estómago, ayudaba a las funciones gástricas y hepáticas.

74. ¿Cuál es el uso terapéutico del cuarto rayo: Jaspe?

Al jaspe se le ha atribuido la capacidad de atraer la lluvia y ahuyentar los espíritus diabólicos.

Algunos aseguran que absorbe literalmente el veneno de una mordida de serpiente. El jaspe es la gema de Libra y un símbolo de San Pedro.

75. ¿Cuál es el uso terapéutico del quinto rayo: Topacio?

Basado en la afinidad de los planetas con las piedras, Paracelso proclamó que el topacio estaba relacionado con Júpiter. Se recomendaba para curar el obscurecimiento de la vista. Al igual que el zafiro, el topacio fue también empleado en el tratamiento de llagas y forúnculos infectados.

76. ¿Cuál es el uso terapéutico del sexto rayo: Rubí?

Se decía que portar un rubí le aseguraba al individuo intranquilo una vida en paz y concordia, preservándolo del peligro y el riesgo. Esta piedra podía también cuidar casa, huertos y viñedos del daño provocado por los fuertes vientos. Fue considerado por un médico de Cachemira del siglo XIII, útil en el tratamiento de la flatulencia y del estado bilioso. Algunos médicos usaron el rubí para tratar hemorragias y todos los estados inflamatorios y para eliminar el enojo y la discordia.

77. ¿Cuál es el uso terapéutico del séptimo rayo: Amatista?

Tradicionalmente la amatista se usó para curar la ebriedad. Algunos aseguraban que controlaban los pensamientos diabólicos y protegía del contagio. En un viejo manuscrito se establece que si se cincela un oso en una amatista , mantendrá a quien lo porte en un estado de sobriedad y pondrá a los demonios a volar.

Si bien muchas de las afirmaciones sobre las propiedades curativas de las piedras suenan encantadoras, y algunas quizás lo fueron, queda el hecho de que tuvo y sigue teniendo validez el concepto de que las gemas poseen propiedades terapéuticas y protectoras que pueden utilizarse. Dichas piedras deben estar en contacto con la piel para un máximo efecto.

78. ¿Cuál es el nombre sánscrito que recibe cada uno de los Chakras?

Nombre Español	Nombre Sánscrito	Situación
1. Chakra raíz o básico	Mûlâdhâra	Base del espinazo
2. Chakra del Bazo	Svadhisthana	Plexo hipogástrico; genitales
3. Chakra Umbilical	Manipûra	Ombligo, sobre el plexo solar
4. Chakra del Corazón	Anâhata	Sobre el corazón
5. Chakra Laríngeo	Vishuddha	Frente a la garganta
6. Chakra Frontal	Ajnâ	En el entrecejo
7. Chakra Coronario	Sahasrâra	Lo alto de la cabeza

79. ¿Cuáles son los elementos esenciales del primer Chakra: Mûlâdhâra?

Localización: Plexo pélvico; región entre el ano y los genitales; las tres primeras vértebras; la base de la columna.

Color de la semilla (bija): Oro.

Sonidos del pétalo de la semilla: Vang, Shang, kshang, sang.

Aspectos: Alimento y abrigo.

Elemento (Tattva): Tierra.

Color del elemento: Amarillo.

Forma del tattva: Cuadrado.

Sentido predominante: Olfato.

Órgano sensorio: Nariz.

Órgano de trabajo: Ano.

Aire (Vayu): Apana vayu: el aire que expele el semen del órgano masculino; la orina para ambos sexos; y lo que empuja al bebé desde el útero durante el nacimiento.

Plano (Loka): Plano físico.

Forma del Yantra (imágenes abstractas de los chakras): Cuadrado amarillo cromo con cuatro pétalos bermellones.

80. ¿Cuáles son lo elementos esenciales del segundo Chakra: Svadhisthana?

Localización: Plexo hipogástrico; genitales.

Color de la semilla (bija): Oro.

Sonidos del pétalo de la bija: Bang, bhang, mang, yang, rang, lang.

Aspectos: Familia, procreación, fantasía. El elemento tierra del primer chakra se disuelve en el elemento agua del chakra Svadhisthana, La fantasía entra cuando el individuo comienza a relacionarse con la familia y los amigos. La inspiración de crear comienza en este segundo chakra.

Elemento (Tattva): Agua.

Color del tattva: Azul claro.

Forma del tattva: Círculo.

Sentido predominante: Gusto.

Órgano sensorio: Lengua.

Órgano de trabajo: Genitales.

Aire (Vayu): Apana vayu (misma explicación que en el primer chakra).

Plano (Loka): Plano astral.

Forma del Yantra: El círculo con la Luna creciente. La Luna creciente es el yantra de este chakra; su

color es el azul claro. El segundo chakra está dominado por el elemento agua: la esencia de la vida.

81. ¿Cuáles son lo elementos esenciales del tercer Chakra: Manipûra?

Localización: Plexo solar; plexo hepigástrico; ombligo.
Color de la semilla (bija): Oro.
Sonidos del pétalo de la bija: Dang, dhang, rlang
(sonidos palatales); tang, thang, dang, dhang (soni-
dos dentales); nang, pang, phang (sonidos labiales).
Aspectos: Forma, visión, ego, color.
Elemento (Tattva): Fuego.
Forma del tattva: Triángulo.
Sentido predominante: Vista.
Órgano sensorio: Ojos.
Órgano de trabajo: Pies y piernas.
Aire (Vayu): Saman vayu: el vayu que habita en el
abdomen superior, en el área del ombligo, ayudan-
do al sistema digestivo. Transporta la sangre y los
agentes químicos producidos en el plexo solar con
la asimilación. Con la ayuda del saman vayu, la

esencia del alimento es producido, asimilado y transportado a todo el cuerpo.

Plano (Loka): Plano celestial.

Forma del Yantra: Triángulo invertido. El triángulo rojo con la punta hacia abajo está localizado en un círculo rodeado por diez pétalos. El triángulo es la forma del elemento fuego. Este chakra se llama también del plexo solar y es dominado por el elemento fuego, que ayuda a la digestión y absorción de los alimentos con el fin de proporcionar a todo el cuerpo la energía vital necesaria para la supervivencia.

82. ¿Cuáles son los elementos esenciales del cuarto Chakra: Anâhata?

Localización: Plexo cardiaco; corazón.

Color de la semilla (bija): Oro.

Sonidos del pétalo de la bija: Kang, khang, gang, ghang, yong, cang, chang, jang, jhang, uang, tang, thang.

Aspectos: Conseguir el equilibrio entre los tres chakras que hay por encima del corazón y los tres que hay por debajo.

Elemento (Tattva): Aire (sin forma, sin olor ni gusto).

Color del tattva: Incoloro; algunas escrituras indican un gris ahumado y otras un verde ahumado.

Forma del tattva: Hexagrama.

Sentido predominante: Tacto.

Órgano sensorio: Piel.

Órgano de trabajo: Manos.

Aire (Vayu): Prana vayu: Habitando en la región del pecho, es el aire que respiramos y está enriquecido en iones negativos vitalizadores.

Plano (Loka): Plano del equilibrio.

Forma del Yantra: El hexagrama. El hexagrama verde grisáceo del chakra anâhata está rodeado por doce pétalos bermellones. La estrella de seis puntos simboliza el elemento aire. El aire es prana, el aliento vitalizador. Ayuda a las funciones de los pulmones y el corazón, proporcionando nuevo oxígeno y fuerza vital, es decir, energía pránica. El aire es el responsable del movimiento y el cuarto chakra tiene movimiento en todas las direcciones.

83. ¿Cuáles son los elementos esenciales del Quinto Chakra: Vishuddha?

Localización: Plexo de la carótida; garganta.

Color de la semilla (bija): Dorado.

Sonidos del pétalo de la bija: Ang, ang, ing, ing, ung, ung, ring, ring, lring, lring, eng, aing, ong, aung, ahang.

Aspectos: Conocimiento; el plano humano.

Elemento (Tattva): Akasha; sonido.

Color del tattva: Morado ahumado.

Forma del tattva: Luna creciente.

Sentido predominante: Audición.

Órganos sensorios: Oídos.

Órgano de trabajo: Boca (cuerdas vocales).

Aire (Vayu): Udana vayu: Habita en la región de la garganta. La tendencia de este vayu es a subir el aire hacia la cabeza, ayudando a la producción de sonido.

Plano (Loka): Plano humano.

Forma del Yantra: Luna creciente. El yantra del quinto chakra es una luna creciente plateada dentro de un círculo blanco que brilla como la luna llena rodeado por dieciséis pétalos. La luna creciente

plateada es el símbolo lunar de nada, el sonido cósmico puro. La persona del quinto chakra comprende mensajes no verbales, pues toda la energía se ha
refinado.

84. ¿Cuáles son los elementos esenciales del Sexto Chakra: Ajnâ?

Localización: Plexo medular; plexo pineal; el
centro del entrecejo.

Color de la semilla (bija): Dorado.

Sonidos del pétalo de la bija: Hang, kshang.

Elemento (Tattva): Maha tattva, en donde todos
los otros tattvas están presentes en su esencia pura
rarificada (tanmatra).

Color del tattva: Azulado luminiscente transpa-
rente o blanco alcanforado.

Plano (Loka): Plano de la austeridad o penali-
dad.

Forma del Yantra: Círculo blanco con dos círculos luminiscentes.

Sonido de la bija: AUM:

Vehículo de la bija: Nada, también llamado ard-
hamatra.

85. ¿Cuáles son los elementos esenciales del Séptimo Chakra: Sahasrâra?

Localización: Parte superior del cráneo; plexo cerebral.

Color de la semilla (bija): Dorado.

Sonidos del pétalo de la bija: Todos los sonidos puros, desde AH a KSHA, incluyendo todas las vocales y consonantes de la lengua sánscrita. Están escritas en los pétalos de un modo sistemático.

Plano (Loka): Plano de la verdad y de la realidad.

Forma del Yantra: Circular como una luna llena. Por encima de la esfera hay un paraguas de mil pétalos de loto dispuesto en los diversos colores del arcoiris.

Sonido de la bija: Visarga (un particular sonido respiratorio en la pronunciación del sánscrito).

Vehículo de la bija: Bindu, el punto que está por encima de la luna creciente.

Movimiento de la bija: Como el movimiento del bindu.

86. ¿Qué significado tiene el nombre de cada uno de los Chakras?

Chakra	Significado
1o. Múlâdhâra	<<Fundación>>
2o. Svadhisthana	<<Lugar en donde mora el ser>>
3o. Manipûra	<<La ciudad de las gemas>>
4o. Anâhata	<<El no golpeado>>
5o. Vishuddha	<<Puro>>
6o. Ajnâ	<<Autoridad, mando, poder ilimitado>>
7o. Sahasrâra	<<Mil pétalos>>
También	
	<<Vacío>> y <<Lugar donde se habita sin apoyo>>

87. ¿Cuáles son los planetas dominantes de cada uno de los Chakras?

Chakra	Planeta
Primero (solar, masculino)	Marte
Segundo	Mercurio

(lunar, femenino)

Tercero ——————————————— Sol

(solar, masculino)

Cuarto ——————————————— Venus

(lunar, femenino)

Quinto ——————————————— Júpiter

Sexto——————————————— Saturno

(solar, masculino)

Séptimo ——————————————— Ketu

88. ¿Qué deidad preside cada uno de los Chakras?

Primer chakra: Bala Brahma (Brahma niño). Brahma, señor de la creación, rige el norte. Es representado como un niño radiante con cuatro cabezas y cuatro brazos, que le permiten ver al mismo tiempo en las cuatro direcciones. Cada cabeza representa uno de los cuatro aspectos de la conciencia humana: el ser físico; el ser racional; el ser emocional; el ser intuitivo.

Segundo chakra: Vishnú, señor de la preservación. Representa el poder de conservación de la raza humana. Vishnú encarna los principios de la vida correcta. Es el héroe del drama cósmico. Asume a voluntad diferentes formas e interpreta distintos papeles.

Tercer chakra: Braddha Rudra (viejo Shiva). Señor del sur. Representa el poder de la destrucción. Todo lo que existe vuelve a él.

Cuarto chakra: Ishana Rudra Shiva. Señor del noreste. Está totalmente distanciado del mundo. La naturaleza de Ishana es pacífica y benefactora. Siempre es joven, pues el aspecto envejecido del tercer chakra ha desaparecido.

Quinto chakra: Panchavaktra Shiva. Tiene cuatro brazos y cinco cabezas que representan el espectro del olfato, el gusto, la vista, el tacto y el sonido, así como la unión de los cinco elementos en sus formas más puras.

Sexto chakra: Ardhanarishvara, el Shiva-Shakti, mitad hombre mitad mujer, símbolo de la polaridad básica. El lado derecho es masculino y el izquierdo femenino. En la mano derecha sostiene un tridente que representa los tres aspectos de la conciencia: cognición, conato y afección. Shiva tiene un mando total sobre todos los aspectos del ser en este plano de la liberación.

Séptimo chakra: Guru interior.

89. ¿Cómo explica la ciencia biológica moderna la energía que recorren los Chakras?

La ciencia biológica moderna explica esto como los cambios químicos producidos por las glándulas endocrinas, glándulas sin conductos cuyas secreciones se mezclan con la corriente sanguínea del cuerpo de modo directo e instantáneo.

90. ¿Cómo se consideraban en la antigüedad estos cambios químicos?

Los antiguos filósofos de Oriente relacionaban estos cambios con los cinco elementos básicos o

Tattvas: Tierra, agua, fuego, aire y éter (akasha).
Estos elementos se mueven constantemente en el
interior del cuerpo con los ritmos circadianos. Por
esta razón, la antigua ciencia india del yoga ponía un
gran énfasis en conocer dichos elementos y en ac-
tuar de acuerdo con ellos, pues consideraban a los
chakras como el campo de juego de los elementos.

91. ¿Qué es el yoga?

La palabra yoga deriva de la raíz sánscrita yuj,
que significa <<unir>>, <<añadir>>. El yoga representa un método práctico, un sistema que crea el
estado de unificación de los procesos mentales y de
la conciencia. El yoga se basa en ejercicios y disci-
plinas particulares por medio de los cuales
cualquiera que desee seguir el sistema prescrito
puede obtener la unión. Con el yoga se obtuvo por
vez primera la unión trascendental.

92. ¿Qué nombres recibe el yoga que se centra específicamente en los Chakras?

El yoga que se centra en los chakras y en la energía dormida de kundalini recibe los nombres de: Yoga kundalini; Yoga laya; Yoga kriya y, Yoga Shaktipatamaha.

93. ¿Qué son los Nadis?

La palabra Nadi proviene de la raíz sánscrita nad, que significa movimiento. En la escritura hindú más antigua, llamada Rig-Veda, la palabra nadi significa corriente.

El concepto de los nadis se basa en la comprensión de que son canales; cualquier canal por el que fluye algo es un nadi. Se incluyen en este concepto de los nadis los meridianos de la acupuntura, las corrientes del sistema cardiovascular, las corrientes del sistema linfático, los nervios, músculos, arterias, venas, el canal de la mente y el canal del ser. Nadi puede traducirse como <<vaso>>, <<canal>>, <<cordón>>, <<tubo>> o <<conducto>>.

94. ¿Cuántos tipos de Nadis hay?

Hay dos tipos de nadis:
1. Canales sutiles e invisibles de la energía sutil.
2. Canales de huesos de energía sutil visibles como cordones, vasos o tubos.

De acuerdo al tratado tántrico llamado Shuva Samhita, existen catorce nadis principales. De éstos, los más importantes son Ida, Pingala y Sushumna; todos los nadis están subordinados a Sushumna. El prana (Respiración. Es el vehículo de la mente), viaja a través del Sushumna desde el plexo pélvico hasta el brahma randhra (la cueva del brahman, el espacio hueco que hay entre los dos hemisferios del cerebro), situado en el interior del eje cerebroespinal.

95. ¿Qué relación tienen los Nadis y los Chakras?

Los nadis tienen una estrecha relación con los chakras. El canal central, Sushumna, juega un papel vital en las prácticas yoguis y tántricas. Los chakras son centros de intercambio entre la energía física y psicológica dentro de la dimensión física, y el prana es la fuerza que vincula lo físico con lo mental y a éste con lo espiritual. En realidad, lo físico, lo mental y lo espiritual son lo mismo y actúan conjuntamente en todos los niveles. Algunos de los nadis gruesos, como los nervios físicos, las venas y las arterias, son conocidos por la ciencia médica moderna. Pero como no todos los nadis adoptan una forma física, ni tienen un carácter visible, es imposible localizarlos, observarlos o seguir el camino que recorren por medios menos sutiles.

96. ¿Cómo es el Nadi Sushumna?

Sushumna ocupa una posición central y pasa a través del meru danda (columna vertebral). La mayor parte de las escrituras sobre yoga, concretamente el Shandilya Upanishad, consideran que la sede de Sushumna es el primer chakra (Múlâdhâra). Tiene su origen en este chakra y asciende por el cuerpo cruzando el talu (el paladar, en la base del cráneo), uniéndose a sahasrara (el plexo de mil nadis en la parte superior del cráneo, también llamado el <<loto de los mil pétalos>>. Este nadi se divide en dos ramas: anterior y posterior. La rama anterior va hasta el chakra Ajnâ, situado en alineamiento con el entrecejo, uniéndose al brahma randhra. La rama posterior pasa por detrás del cráneo uniéndose al brahma randhra. Sushumna no está atado por el tiempo. Un momento antes de la muerte todos los seres humanos toman la respiración Sushumna, en la que trabajan simultáneamente las dos ventanas de la nariz. A través de Sushumna el yogui entra en la eternidad.

97. ¿Cómo es el Nadi Ida?

Ida es el canal izquierdo, portador de corrientes lunares, es de naturaleza femenina y almacén de la energía maternal que produce la vida. Ida es nutridor y purificador y por tanto se le llama también Ganga (Ganges). A veces es representado como el ojo izquierdo. En el Svara Yoga representa la respiración <<izquierda>>, es decir, la que fluye predominantemente por la ventana izquierda. La izquierda se describe en los tantras como de naturaleza magnética, femenina, visual y emocional. La respiración específica por la ventana izquierda de la nariz excita al nadi Ida, y sus agentes químicos nutritivos purificarán la química corporal, lo que es beneficioso para la meditación. El nadi Ida es el responsable de la recuperación de la energía del cerebro.

98. ¿Cómo es el Nadi Pingala?

Pingala es el canal derecho, portador de las corrientes solares; es de naturaleza masculina, y reserva de la energía destructiva. Se le conoce con el nombre de yumuna. A su manera, Pingala también es purificador, pero su limpieza se asemeja al fuego. Pingala se representa a veces como el ojo derecho. En el Svara Yoga, Pingala representa la respiración derecha, es decir, la que fluye por la ventana derecha de la nariz, El nadi Pingala vuelve el cuerpo físico más dinámico y eficaz, y es el nadi que proporciona más vitalidad y potencia masculina.

99. ¿Cuál es el lugar de encuentro de los tres Nadis principales?

El lugar de encuentro de los nadis: Sushumna, Ida y Pingala es el chakra Mûlâdhâra (primero) y se denomina Yukta Triveni (yukta, <<compromiso>>; triveni, <<encuentro de las tres corrientes>>). Parten del chakra Mûlâdhâra, alternando en cada chakra hasta que llegan al chakra Ajnâ (sexto), donde vuelven a encontrarse, formando un nudo suave con Sushumna. Aquí, el encuentro de las tres corrientes se llama Mukta Triveni (Mukta, <<liberado>>).

100. ¿Quiénes más hablan de los Chakras?

Los Upanishads menores, los Puranas, las obras tántricas y algunas otras de la bibliografía sánscrita suelen describir los siete chakras. Hoy en día los utilizan muchos yoguis indos. Al parecer, también algunos místicos europeos conocieron los chakras, según denota la obra Theosophia Practica del místico alemán Juan Jorge Guichtel, discípulo de Jacobo Boehme, que tal vez pertenecía a la secreta sociedad de los rosacruces. Dicha obra se publicó por primera vez en 1696.

BIBLIOGRAFÍA

1.—C.W. Leadbeater. *Los chakras*. Editorial Kier S. A., 12a. ed., 1990, Buenos Aires, Argentina.

2.—Harish Johari. *Los chakras. Centros energéticos de la Transformación*. Lasser Press Mexicana, S.A. de C.V., 1995, México, D. F.

3.—Moriel, Juana et. al. Chakras. *La salud al alcance de todos*. Bienes Lacónica, C.A., Col. Metafísica, 4a. ed., 1991, Caracas, Venezuela.

4.—Tansley, David V. *Chakras: Rayos de energía y Radiónica*. Editorial Planeta. Col. Fronteras de lo insólito, 1992, México, D.F.

5.—Rosenberg, Jack Lee. *Técnicas para el incremento del placer sexual.* Ediciones Mandala. 1981, Madrid, España.

6.—*Pequeño gran diccionario de Metafísica.* Editora y Distribuidora Tomo II, S.A. de C.V., 1994, México, D. F.

Títulos de esta Colección

- Cuarzos y otras Piedras Curativas
- Mensajes para la Nueva Era
- Metafísica Meditaciones de Luz
- Metafísica para la Vida Diaria
- Palabras Santas
- ¿Qué es el Karma?
- ¿Qué es Metafísica?
- Reencarnación

- Fuerza y Poder de la Oración
- La Fe en la Oración

OFFSET LIBRA
FRANCISCO I. MADERO No. 31
IZTACALCO C.P. 08650
MEXICO, D.F.